essentials

Essentials liefern aktuelles Wissen in konzentrierter Form. Die Essenz dessen, worauf es als „State-of-the-Art" in der gegenwärtigen Fachdiskussion oder in der Praxis ankommt. Essentials informieren schnell, unkompliziert und verständlich.

- als Einführung in ein aktuelles Thema aus Ihrem Fachgebiet
- als Einstieg in ein für Sie noch unbekanntes Themenfeld
- als Einblick, um zum Thema mitreden zu können.

Die Bücher in elektronischer und gedruckter Form bringen das Expertenwissen von Springer-Fachautoren kompakt zur Darstellung. Sie sind besonders für die Nutzung als eBook auf Tablet-PCs, eBook-Readern und Smartphones geeignet.

Essentials: Wissensbausteine aus Wirtschaft und Gesellschaft, Medizin, Psychologie und Gesundheitsberufen, Technik und Naturwissenschaften. Von renommierten Autoren der Verlagsmarken Springer Gabler, Springer VS, Springer Medizin, Springer Spektrum, Springer Vieweg und Springer Psychologie.

Ralf T. Kreutzer

Notwendigkeit eines Change-Managements im Online-Zeitalter

Grundprinzipien zur erfolgreichen digitalen Transformation

Prof. Dr. Ralf T. Kreutzer
Berlin
Deutschland

ISSN 2197-6708 ISSN 2197-6716 (electronic)
ISBN 978-3-658-06918-6 ISBN 978-3-658-06919-3 (eBook)
DOI 10.1007/978-3-658-06919-3

Die Deutsche Nationalbibliothek verzeichnet diese Publikation in der Deutschen Nationalbibliografie; detaillierte bibliografische Daten sind im Internet über http://dnb.d-nb.de abrufbar.

Springer Gabler

Gedruckt auf säurefreiem und chlorfrei gebleichtem Papier

Springer Gabler ist eine Marke von Springer DE. Springer DE ist Teil der Fachverlagsgruppe Springer Science+Business Media
www.springer-gabler.de

Was Sie in diesem Essential finden können

- Die Darstellung der Notwendigkeit der Umsetzung des Change-Managements als Voraussetzung für die Ausschöpfung der Potenziale der sozialen Medien.
- Die Erläuterung des digitalen Darwinismus als Hintergrund des enormen Handlungsbedarfes in Unternehmen, um dem Ausleseprozess der schnellen Veränderung von Systemen und Prozessen in der Wirtschaft und Gesellschaft nicht zu erliegen.
- Die Darstellung des Social-Media-Hauses als Orientierung im Prozess des Change-Managements und zur Erarbeitung einer Strategie für die Nutzung der sozialen Medien.
- Konzepte zur den Möglichkeiten der Integration der sozialen Medien in die verschiedenen Bereiche der Wertschöpfungskette eines Unternehmens.
- Einen Einblick in interne und externe Social-Media-Guidelines, in denen das Verhalten der Mitarbeiter des Unternehmens bezüglich ihres Engagements in den sozialen Medien sowie Fragestellungen zum Umgang externer Nutzer mit den Social Media Angeboten des Unternehmens geregelt wird.

Vorwort

Dieser Beitrag stammt aus dem Werk „Dialogmarketing Perspektiven 2013/2014", welches aktuelle Fachbeiträge und Forschungsprojekte zu Themen des Dialogmarketings vereint. Dieses geht zurück auf den 8. wissenschaftlichen interdisziplinären Kongress für Dialogmarketing, den der Deutsche Dialogmarketing Verband im September 2012 an der Hochschule der Medien in Stuttgart veranstaltete. Das Werk richtet sich an Dozierende und Studierende der Wirtschaftswissenschaften, der Wirtschaftspsychologie sowie interdisziplinärer Fachrichtungen mit dem Forschungsschwerpunkt Dialogmarketing sowie Fach- und Führungskräfte in der Dialogmarketingbranche. Der folgende Beitrag befasst sich im Speziellen mit den gravierenden Veränderungen, die mit der zunehmenden Verbreitung der sozialen Medien sowie mit der zunehmenden Digitalisierung ganzer Geschäftsprozesse verbunden sind und die Unternehmen vor große, notwendige Veränderungen stellen.

Einleitung

Im ersten Kapitel des folgenden Beitrags wird dargestellt, warum in den Unternehmen ein Change-Management als Voraussetzung zur Ausschöpfung der Potenziale der sozialen Medien notwendig ist. Im zweiten Kapitel wird im Detail beschrieben, wie ein solches Change-Management auszugestalten und in der Organisation zu verankern ist. Im letzten Kapitel wird ein Blick auf die zukünftigen Herausforderungen für das Change-Management geworfen.

Inhaltsverzeichnis

1 Warum ein Change-Management in den Unternehmen gefordert ist

Die Umsetzung eines Change-Managements ist eine Voraussetzung dafür, dass Unternehmen die Ausschöpfung der Potenziale der sozialen Medien gelingen kann. Etablierte Denk-, Handlungs- und Organisationsstrukturen gilt es angesichts der Machtverschiebungen im Dialog zwischen den Unternehmen und ihren Stakeholdern – insb. den Kunden – zu überdenken. Warum dieser Prozess angestoßen werden sollte, zeigen die zentralen Ergebnisse einer Studie von *McKinsey* (2012). Hier wurden 200 Unternehmen in Deutschland befragt, welche Relevanz den Social Media zukommt: 70 % der großen und mittleren Unternehmen in Deutschland messen Social Media eine hohe strategische Bedeutung zu. Aber nur 5 % sind mit ihrer Performance zufrieden – im Vergleich zu dem Potenzial, das die sozialen Medien insgesamt bieten (vgl. McKinsey 2012, S. 11).

Basierend auf dieser Studie gibt es eine Gruppe von *Social Media Pioneers*. Diese setzt im Durchschnitt seit zwei Jahren ein breites Spektrum von Social-Media-Anwendungen ein und verzeichnet dabei einen überdurchschnittlichen Einfluss auf ihr Geschäftsmodell. Diese Gruppe hat einen Anteil von 27 % an der Gesamtheit der Unternehmen (vgl. Abb. 1.1). Im Gegensatz dazu steht die Gruppe der *Social Media Newcomers*, die soziale Medien kaum nutzt. Sie weist deshalb auch nur einen eingeschränkten Erfahrungshintergrund und nur wenige Auswirkungen des Social-Media-Einsatzes auf. 41 % der Unternehmen gehören zu dieser Kategorie.

Wirft man einen Blick auf die jungen Unternehmen in Deutschland, zeigt eine Studie des KfW/ZEW-Gründungspanel (2014), dass mehr als die Hälfte (56 %) der bis Ende 2012 bis zu vier Jahre alten Unternehmen soziale Medien für unternehmerische Zwecke einsetzen. Gerade junge Unternehmen können somit als Vorreiter bei der Nutzung sozialer Medien gesehen werden.

R. T. Kreutzer, *Notwendigkeit eines Change-Managements im Online-Zeitalter*, essentials, DOI 10.1007/978-3-658-06919-3_1

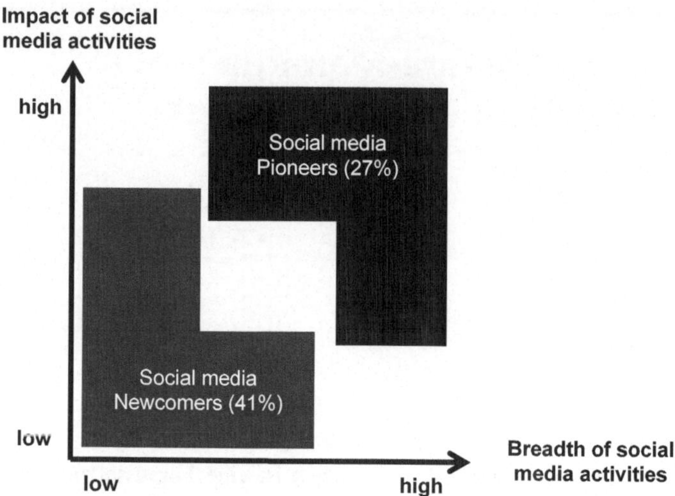

Abb. 1.1 Pioniere und Neueinsteiger bei Social Media in Deutschland – McKinsey Social Media Excellence Survey ($n=200$). (Quelle: McKinsey 2012, S. 11)

Wo jedes einzelne Unternehmen im Veränderungsprozess selbst steht, kann anhand der Abb. 1.2 ermittelt werden. Gehört das eigene Unternehmen noch zum Kreis der „*Zuschauer*", die das „Neue" interessiert betrachten, ohne echte „*Zuhörer*" zu sein, die bspw. ein Web-Monitoring aufgesetzt haben? Oder fällt das Unternehmen in die Kategorie „*Analyst der Veränderungen*", womit eine tiefergehende Durchleuchtung der durch die sozialen Medien definierten Herausforderungen im Hinblick auf das eigene Geschäftsmodell einhergeht? Oder ist bereits eine „*Pilotierung erster Testprojekte*" erfolgt – die notwendige Zwischenstufe zur „*strategischen und organisatorischen Verankerung*" der Antworten auf die soziale Revolution? Oder wird schon eine „*aktive Mitarbeit als Tagesgeschäft*" gelebt – und die Strukturen, Prozesse und Leistungsangebote sind ganzheitlich auf die Integration der Potenziale der sozialen Medien abgestimmt?

Ein wichtiger Erklärungsfaktor für den erreichten Status quo kann eine größere – oder kleinere – Affinität gegenüber den sozialen Medien darstellen. Jedes Unternehmen sollte für sich zum einen prüfen, wie groß das *Interesse an der Nutzung der sozialen Medien* – differenziert nach Unternehmenshierarchie – im eigenen Unternehmen ausfällt. Und zum anderen sollte ermittelt werden, welche *Macht bzgl. der Nutzbarmachung der sozialen Medien* die unterschiedlichen Gruppen innerhalb des eigenen Unternehmens aufweisen. Eine für viele Unternehmen typische Verteilung der unterschiedlichen Leistungsträger zeigt die *Interesse-Macht-Matrix* (vgl. Abb. 1.3).

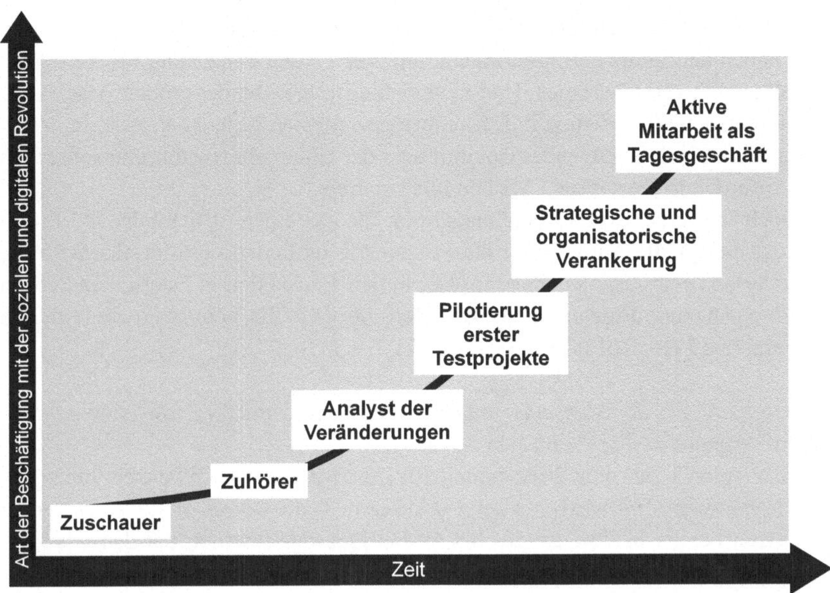

Abb. 1.2 Wo steht das eigene Unternehmen bei der Bewältigung der sozialen und digitalen Revolution?

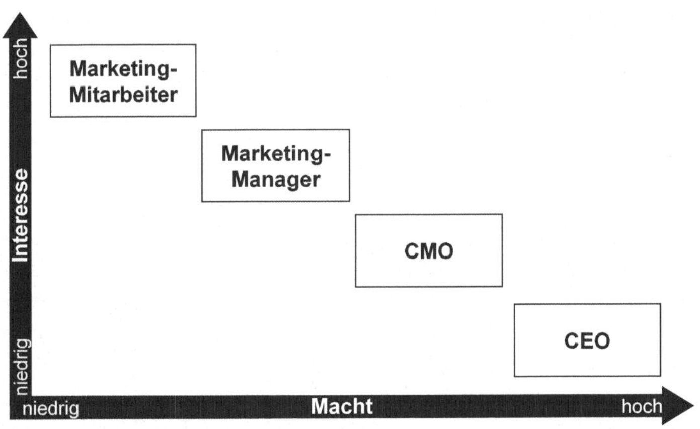

Abb. 1.3 Interesse-Macht-Matrix – am Beispiel der sozialen Medien

Damit wird deutlich: Diejenigen mit der größten Affinität zu den sozialen Medien haben häufig die geringste Macht, um deren Nutzbarmachung für das eigene Unternehmen voranzutreiben. Und die Leistungsträger mit der größten Machtfülle stehen den sozialen Medien i. d. R. am reserviertesten gegenüber. Allerdings gilt auch: Ohne ein überzeugendes Commitment der Unternehmensführung sollte man den Aufbruch in die sozialen Medien nicht starten!

Doch wie groß ist der Handlungsdruck für das eigene Unternehmen? Erhellend ist hierfür die Antwort auf die Frage: Wie umfassend erfolgt eine *Nutzung des Internets sowie der sozialen Medien* in den Haushalten in Deutschland schon heute? Spannende Ergebnisse hierzu liefert die *ARD/ZDF-Onlinestudie* (vgl. van Eimeren und Frees 2013a, S. 358, 360, 371):

- Bereits *77,2 % der Menschen* in Deutschland und damit *54,2 Mio.* sind *online* – im Vergleich zu 75,9 % im Jahr 2012.
- Im Vergleich zum Jahr 2012 kamen 2013 0,8 Mio. „neue Anwender" hinzu.
- Die *höchsten Zuwachsraten* zeigt das Segment der *„Über-50-Jährigen"*. Jetzt nutzen bereits 82,7 % der 50- bis 59-Jährigen das Internet; bei den Über-60-Jährigen sind es 42,9 %.
- Das Segment der Silver Surfer gewinnt folglich an Bedeutung – das Internet ist schon länger keine Domäne der jungen Menschen mehr alleine.
- Gleichzeitig hat sich die *mobile Internet-Nutzung* im letzten Jahr von 23 auf 41 % fast verdoppelt.

Wichtig ist bei all diesen Entwicklungen, dass der zunehmende Einsatz von mobilen Endgeräten, wie Tablet-PCs und Smartphones, den stationären Zugang nicht ersetzt, sondern *neue Nutzungssituationen* ermöglicht. So nutzen heute bereits 31 % der Internetuser regelmäßig neben dem Fernsehen einen *„Second Screen"*. Am häufigsten ist dies das Smartphone, gefolgt von Tablet-PC und Laptop (vgl. van Eimeren und Frees 2013b, S. 373 f., 381). Welcher Bildschirm im Einzelfall der dominierende ist, wird vom jeweiligen Kontext bestimmt.

Damit wird deutlich: Nicht nur das *Nutzungsverhalten* verändert sich, es variiert auch in zunehmendem Ausmaß abhängig vom jeweiligen *Kontext* – und *Veränderungsprozesse* ziehen sich durch alle Altersgruppen. Wie lassen sich die beschriebenen Herausforderungen treffend zusammenführen? Durch den sogenannten *DiSoLoMo*-Trend, der die Dimensionen Digital, Social, Local und Mobile umfasst (vgl. Abb. 1.4). Die Herausforderungen für Unternehmen liegen zunächst in der zunehmenden *Digitalisierung von Inhalten und Prozessen*. Nicht nur physische Produkte wie Bücher, Zeitungen, Zeitschriften, Musik und Film werden digitali-

Abb. 1.4 Der DiSoLoMo-Trend

siert und damit – befreit von Beschränkungen der Schwerkraft – digital verfügbar. Auch Zahlungs- und Informationsprozesse erfolgen zunehmend in digitaler Form. Dieses Phänomen wird „Zero Gravity Thinking" genannt. Darüber hinaus verbreiten sich die *sozialen Medien* immer stärker. Hierdurch entsteht eine bisher nicht gekannte Gegenmacht zu den etablierten Unternehmen. Das Wort „social" begegnet uns bei immer mehr Anwendungen, von „Social TV" über „Social Commerce" und „Social Plugins" bis zum „Social CRM". Zusätzlich wird die *Lokalisierung der Nutzer* und damit die Regionalisierung von Angebot und Nachfrage an Bedeutung gewinnen. Gleichzeitig ist eine zunehmende Tendenz feststellbar, dass sich zur Location Based Communication auch Location Based Communities installieren, die sich bspw. durch Check-in-Services wie Foursquare (spontan) zusammenfinden. Außerdem nimmt der *mobile Zugriff* auf Internet-Services durch die Nutzung von Smartphones und Tablet-PCs dramatisch zu.

Wie können Unternehmen handeln, um diesem Trend bei der *Entwicklung des eigenen Geschäftsmodells* Rechnung zu tragen? Eine wichtige Orientierung kann hierzu das strategische Spielbrett liefern (vgl. Abb. 1.5). Dieses stellt zunächst die Frage, ob das Unternehmen mit neuen oder bekannten Regeln in einem Markt tätig ist. Zusätzlich wird gefragt, ob dabei der Gesamtmarkt oder eine Nische bedient werden soll. Bevor allerdings mit Innovationen in der Nische oder sogar im Gesamtmarkt gestartet wird, muss umfassend analysiert werden, welche neuen Regeln im Markt bereits gelten.

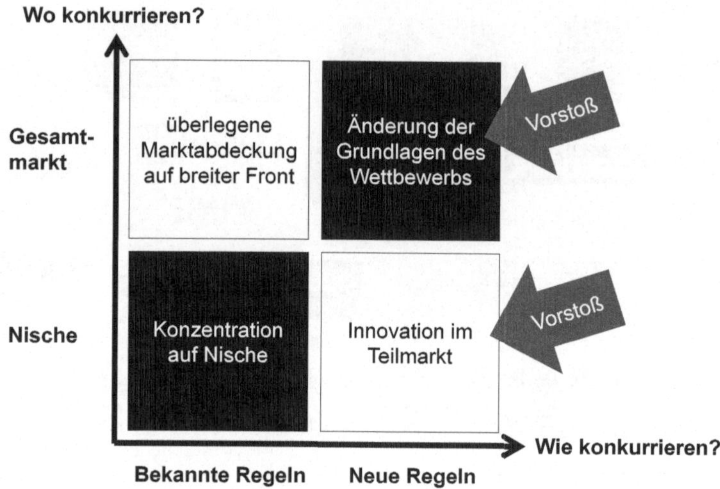

Abb. 1.5 Strategisches Spielbrett – Kann das eigene Unternehmen die Spielregeln im Markt verändern?

Dabei ist zu berücksichtigen, dass sich das gesamte *unternehmerische Spielfeld* momentan gravierend verändert:

- Das *Spielfeld wird größer*, weil physische Grenzen bei Leistungserstellung, Kommunikation und Leistungsabforderung an Bedeutung verlieren (bspw. durch Zero Gravity Thinking).
- Gleichzeitig erlangen *neue Spielregeln* Gültigkeit, weil bspw. stärker Performance-orientierte Abrechnungssysteme zum Einsatz kommen.
- Zusätzlich werden laufend *neue Spielgeräte* eingeführt, wie sie die sozialen Netzwerke (bspw. *Facebook*, *Twitter* und *Pinterest*) darstellen.
- Außerdem drängen *Millionen von zusätzlichen Spielern* auf das Spielfeld, weil es heute quasi jedem Internet-Nutzer möglich ist, sich mit Fragen oder eigenen Inhalten an jeglicher Form von Kommunikation zu beteiligen.
- In zunehmendem Maße wird in das Spielfeld „*Vertrauen*" als weitere handlungsrelevante Komponente eingeführt. Dieses stellt in zunehmendem Maße die Voraussetzung für den Einstieg in Geschäftsprozesse mit (neuen) Partnern dar. Die Ursache hierfür liegt in der Vielzahl der potenziellen Partner, die online erreicht werden können.
- Zusätzlich wird die *Spielgeschwindigkeit* dramatisch erhöht, weil Informationen nicht nur in einer bisher ungekannten Dichte zur Verfügung stehen, sondern deren Änderungen oft in Realtime verfügbar sind.

Diese Gesamtheit der Veränderung führt in manchen Unternehmen zu einer regelrechten *Schockstarre* – denn bewährte Handlungsmuster gibt es vielfach noch nicht! Früher galt noch der Glaubenssatz: „Wer sich bewegt, hat verloren!" Heute heißt es: „Wer sich heute nicht bewegt, hat morgen schon verloren!" Doch wann sollten sich Unternehmen bewegen? Sieht sich ein Unternehmen als *First Mover* oder *Fast Mover*, indem Trends früh und aktiv aufgegriffen werden? Oder fällt das eigene Unternehmen eher in die Gruppe der *Late Movers*, die anderen gerne den Vortritt lassen? Das Risiko wird angesichts der Änderungsgeschwindigkeit immer größer, dass die Late Movers zu *First Losers* werden! Die *Anpassungsfähigkeit der Geschäftsmodelle* avanciert zum strategischen Wettbewerbsvorteil!

Vor diesem Hintergrund kann von einem regelrechten *digitalen Darwinismus* gesprochen werden, von dem Unternehmen bedroht sind (vgl. Kreutzer und Land 2013). Nach *Charles Darwin* gilt: It is not the strongest of the species that survives, nor the most intelligent that survives. It is the one that is most adaptable to change. Angesichts der Herausforderung durch die digitale und soziale Revolution sollten sich die Unternehmensführer eines vor Augen führen: Der *Ausleseprozess des digitalen Darwinismus* startet, wenn sich Systeme und Prozesse in Wirtschaft und Gesellschaft schneller verändern, als sich Unternehmen anzupassen vermögen. Dabei gilt: Jedes Unternehmen, jede Marke und jedes Angebot ist verwundbar. Kein Geschäft ist „too big to fail" oder „too small to succeed" (Solis 2012). Hierbei sind folgende Aspekte zu berücksichtigen:

- Das in den letzten Jahren vorhandene Wissen wird massiv entwertet. Das heißt auch, dass die *Success Storys und Best Cases der Vergangenheit* nicht mehr in die Zukunft tragen.
- Die *Erfahrungswährung* wird durch neue Entwicklungen systematisch inflationiert und damit entwertet. Deshalb zeigt sich in vielen Unternehmen massiver Widerstand gegen die anstehenden Veränderungen. Denn es gilt, gelernte Komfortzonen zu verlassen!
- In vielen Bereichen gibt es – noch – *keine umfassenden Messverfahren und Metriken*, um die wirtschaftlichen Resultate messbar zu machen. Dies darf aber nicht dazu führen, auf neue Herausforderungen nicht einzugehen.
- *Marketing* wird sich dramatisch verändern müssen, um in Zukunft seine Rolle *als Strategie- und Ergebnistreiber* ausfüllen zu können.

Diese Situation stellt den Handlungshintergrund dar, um das erforderliche Change-Management in Unternehmen einzuleiten.

2 Wie ein Change-Management in den Unternehmen auszugestalten ist

2.1 Prozess des Change-Managements

In welchen Stufen sich der *Prozess bzw. die Integration der sozialen Medien* entwickeln kann, zeigt Abb. 2.1. Die beschriebenen Social Media Newcomer sind schwerpunktmäßig in der *Stufe 1: Experimentelle Phase* verhaftet (vgl. hierzu auch Forster 2012). Hier geht es darum – oft ohne dezidierte Zuweisung von personellen und finanziellen Ressourcen – erste Gehversuche ohne wirkliches Unternehmens-Commitment einzuleiten. Das gesamte Engagement läuft eher unter dem Titel „Jugend forscht" – was teilweise auch altersmäßig zutrifft! Guidelines für die Social-Media-Aktivitäten sowie eine entsprechendes Monitoring fehlen. Die Social Media Pioneers, die sich schon etwas länger mit verschiedenen Social-Media-Anwendungen beschäftigen, finden sich häufig in der *Stufe 2: Aufbau von Social-Media-Inseln*. Hier werden unternehmensintern erste Social-Media-Anwendungen gestartet und es wird mit beschränktem Personal- und Finanzeinsatz operiert. Eine Social-Media-Gesamtstrategie lässt sich auch in Ansätzen nicht erkennen; gleichwohl werden erste Guidelines erstellt und Monitoring-Aufgaben bearbeitet. Die Mehrheit der Mitarbeiter betrachtet das unternehmenseigene Engagement als „Exot ohne wirkliches Potenzial".

Einige der Social Media Pioneers sind bereits im Übergang zur *Stufe 3: Etablierung von Social Media als singulärer Unternehmensprozess* (vgl. Abb. 2.1). In diesen Unternehmen wurde das große Potenzial der sozialen Medien zur Absicherung und Erweiterung des eigenen Geschäftsfeldes erkannt und organisatorisch in funktionaler Form verankert. Personal und Budget wurden – orientiert an den zu erreichenden Zielen – bereitgestellt. Häufig hat Marketing als Funktion die übergreifende Verantwortung übernommen, wobei vielfach ein Schwerpunkt bei Social

R. T. Kreutzer, *Notwendigkeit eines Change-Managements im Online-Zeitalter*, essentials, DOI 10.1007/978-3-658-06919-3_2

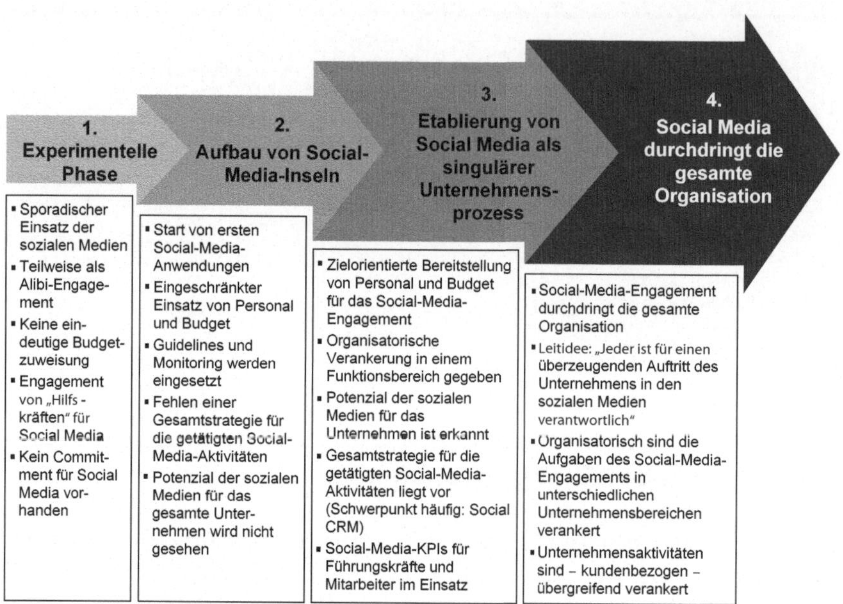

Abb. 2.1 Entwicklungsstufen zur Ausschöpfung der Potenziale der sozialen Medien

CRM gesehen wird. Zur Steuerung von Führungskräften und Mitarbeitern sind entsprechende Social-Media-KPIs im Einsatz, wodurch das Commitment des Top-Managements sichtbar wird (vgl. vertiefend Kreutzer und Land 2013, S. 169–207).

Die *Stufe 4: Social Media durchdringt die gesamte Organisation* stellt die umfassendste Form der organisatorischen Verankerung des Social-Media-Marketings dar. Hier umfasst das unternehmensweite Engagement in den sozialen Medien die gesamte Organisation – so wie das bei einer „marktorientierten Unternehmensführung" heute schon durch den Marketing-Gedanken der Fall ist. Die Aktivitäten in den sozialen Medien haben dabei ihre enge Bindung an einen Funktionsbereich (oft Marketing) aufgeben und durchdringen die gesamte Organisation. Dabei gilt als Leitidee: „Jeder ist für den überzeugenden Auftritt des Unternehmens in den sozialen Medien verantwortlich." Ein Unternehmen, das dieser Phase sehr nahe kommt, ist *Dell* (vgl. Buck 2013, S. 221–223).

Es ist nachvollziehbar, dass der *Bedarf eines Change-Managements* in den ersten drei Stufen dieses Prozesses besonders stark ausgeprägt ist. Schließlich gilt es, die bestehende Aufbau- und Ablauforganisation umfassend weiterzuentwickeln. Dabei müssen nicht nur bestehende Informations- und Prozess-Silos aufgebrochen, sondern auch Verantwortungsbereiche verändert werden, die den neuen Anforderungen des *sozialen und digitalen Zeitalters* nicht mehr gerecht werden.

In vielen Unternehmen besteht nach wie vor ein großer *strategischer Engpass* bei der *Implementierung innovativer Konzepte*. Viele brillante Strategien haben den Sprung vom Papier (oder dem digitalen Äquivalent) ins Tun nicht geschafft und endeten als Schrank-Ware – „Ideen, gleichsam im Giftschrank eingeschlossen", die nie das Licht der Welt erblickten. Welche *Hindernisse* sehen die Manager selbst, die an der *Umsetzung von digitalen Strategien* arbeiten? Einen Eindruck hiervon vermittelt Abb. 2.2. An erster Stelle – von 81 % der in Deutschland befragten Manager genannt – stehen die noch *fehlenden Kompetenzen*, um den veränderten Rahmenbedingungen Rechnung zu tragen. Wie schon bei vielen anderen Innovationsschüben stellt die *historisch gewachsene IT-Landschaft* in 43 % der befragten Unternehmen einen wichtigen Hemmschuh dar. Dieses technologische Gap zeigt sich mit ebenfalls 43 % bei der *fehlenden Kompetenz zur Verknüpfung mobiler Plattformen mit der ERP-Software* des eigenen Unternehmens.

Interessant ist auch der von 28 % der Manager erwähnte Punkt, dass der *Generationenunterschied*, der sich gerade bei der Offenheit gegenüber den sozialen Medien dokumentiert, eher eine Evolution als eine Revolution ermöglicht. Die zentrale Frage angesichts dieser Ergebnisse lautet deshalb: Wird der Markt und damit die Kunden wie auch die Wettbewerber den Unternehmen die benötigte Zeit für die Neuausrichtung geben? Gerade der Generationenunterschied scheint sich in manchen Unternehmen negativ auf die *Entwicklung einer digitalen Konzeption* generell ausgewirkt zu haben: Das digitale Konzept ist teilweise zu *sequentiell*

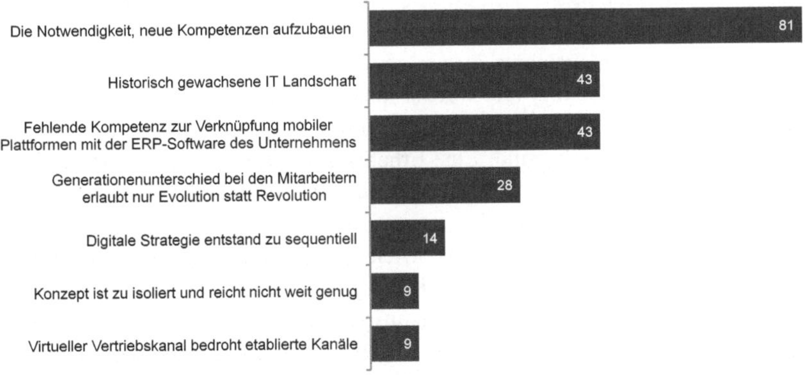

Abb. 2.2 Welche Aspekte behindern die Umsetzung einer digitalen Strategie – in % (Deutschland, $n = 100$ Manager, Mehrfachantworten möglich). (Quelle: Camelot Management Consultants 2012, S. 21)

erarbeitet und *nicht holistisch* genug ausgerichtet (vgl. hierzu auch Abb. 1.3). Bemerkenswert ist auch, dass die *Bedrohung etablierter Kanäle durch virtuelle Kanäle* immerhin noch von 9 % als „Hindernis" gesehen wird. Diese „Bedrohung" ist in vielen Branchen inzwischen schlicht eine Tatsache. Und nur, wer die Herausforderung beherzt annimmt, wird überleben! Welche Konsequenzen ein zögerliches Vorgehen haben kann, ist täglich der Tagespresse zu entnehmen! Denn dort finden sich regelmäßig Beispiele für den schon skizzierten *„digitalen Darwinismus"*! Diese reichen von Versandhäusern wie *Otto*, *Quelle*, *Neckermann* über stationäre Einzelhändler wie *Görtz* und *Thalia* zu Verlagsprodukten wie *Financial Times Deutschland*, *Frankfurter Rundschau* oder *Brockhaus*. Diese sind dem Ausleseprozess entweder schon erlegen oder müssen massiv kämpfen, um das Überleben zu sichern!

2.2 Orientierung des Change-Managements am Social-Media-Haus

Damit ein *Engagement in den sozialen Medien* nicht zum Strohfeuer wird, hat jedes Unternehmen vor dem Einstieg eine Strategie für die Nutzung der sozialen Medien zu erarbeiten. Dies beinhaltet auch die Bereitstellung der erforderlichen finanziellen und personellen Ressourcen. Den grundsätzlichen *Ablauf zur Erschließung der sozialen Medien für ein Unternehmen* generell zeigt das *Social-Media-Haus* in Abb. 2.3.

Voraussetzung für jegliche Maßnahmen ist zunächst eine umfassende *Analyse des Status quo der Nutzung der sozialen Medien* durch die relevanten Stakeholder sowie die einschlägigen Wettbewerber. Hier ist zu erfassen, welche Interessen, Gepflogenheiten und Erwartungen die eigenen Zielgruppen hinsichtlich des unternehmerischen Engagements in den sozialen Medien aufweisen. Zusätzlich ist zu prüfen, welche Tonality und welche Inhalte hinsichtlich der Bewertung des eigenen Unternehmens sowie eigener Marken und Angebote durch Dritte in den sozialen Medien anzutreffen sind. Eine Erhebung und Bewertung der Aktivitäten der einschlägigen Wettbewerber in den sozialen Medien rundet die Status-quo-Analyse ab.

Für viele Unternehmen gilt als erster wichtiger Schritt, das *Zuhören* wieder zu lernen. Viel zu lange waren Unternehmen im *Sende-Modus* verhaftet – und sind diesem treu geblieben! Dies war und ist häufig auch dann noch der Fall, wenn Responsequoten auf E-Mails, E-Newsletter, Mailings, klassische Response-Anzeigen und auch auf Informationsangebote in den sozialen Medien dramatisch abnehmen. Noch viel zu wenig wird geprüft, worauf die Ablehnungshaltung der Zielpersonen zurückzuführen ist. Deshalb wird an dieser Stelle für ein Vorgehenskonzept

Abb. 2.3 Social-Media-Haus – Prozess zur Integration der sozialen Medien in das Gesamtunternehmen

plädiert, welches sich als generelle *Leitidee im Unternehmen* – aber durchaus auch im privaten Bereich – bewährt hat: Es umfasst die vier Stufen *Listen – Learn – Act – Control* (vgl. Abb. 2.4).

Ein gutes Gespräch beginnt immer mit einem wertschätzenden Zuhören, um Bedürfnisse, Interessen und Stimmungslagen aufzunehmen. Mit *Listen* gilt es im ersten Schritt auch an die sozialen Medien heranzutreten. Dabei ist eine besondere

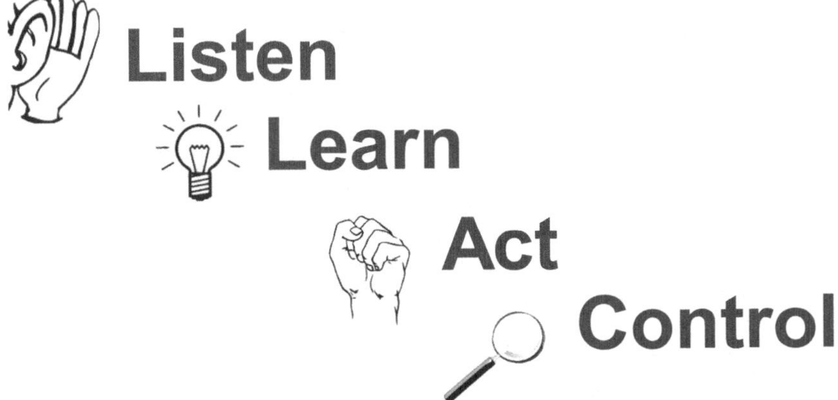

Abb. 2.4 Guiding Principle des eigenen Tuns – nicht nur bei Social Media

Empathie an den Tag zu legen, um ein tiefes Verständnis für die Kunden zu erhalten. Im zweiten Schritt des *Learn* geht es darum, die relevanten Zusammenhänge zu erkennen, Verhaltensmuster zu interpretieren und Lösungsansätze zu entwickeln. Nach dem *Act* der Implementierung – und dieser Schritt wird häufig noch nicht konsequent genug umgesetzt – schließt sich zwingend die Phase *Control* an. Nur so gelingt der Aufbau einer lernenden Organisation. Und Lernen werden die Unternehmen in den nächsten Monaten und Jahren noch viel schneller, als dies in den letzten Jahrzehnten der Fall war.

Erst basierend auf den hier insgesamt gewonnenen Erkenntnissen können Unternehmen die *Entwicklung einer Social-Media-Konzeption* in Angriff nehmen (vgl. Abb. 2.3). Hier gilt es zunächst einmal – ganz klassisch – mit der Erarbeitung von *Zielen des Social-Media-Engagements* zu beginnen. Hierbei ist es wichtig, nicht extern – oder auch vom eigenen CEO – definierten, nur vermeintlichen Erfolgsgrößen wie der Anzahl an *Facebook*-Fans oder *Twitter*-Followern hinterherzulaufen. Viel entscheidender ist die Frage: Was soll durch ein Engagement in den sozialen Medien wirklich erreicht werden? Im Kern müssen sich Unternehmen zunächst entscheiden, ob überhaupt und wenn ja in welcher Weise sie sich innerhalb der sozialen Medien beteiligen. Häufig befinden sich deren Interessenten und Kunden bereits dort und reden über das Unternehmen, die Marken und/oder konkrete Angebote. Dies ist im Zuge der Status-quo-Analyse zu ermitteln. Welche *Social-Media-Ziele* Unternehmen in *Deutschland* anstreben, zeigt eine Studie von BITKOM (2012, S. 3; vgl. Abb. 2.5).

Spannend ist, dass Unternehmen – basierend auf der BITKOM-Studie – bisher nicht erkannt haben, dass die sozialen Medien auch eingebunden werden können, um die *eigenen Mitarbeiter* über die Visionen, Werte, Ziele, Strategien sowie über laufende Kampagnen und Events zu informieren. Der Einsatz von Blogs, Wikis, aber auch der sozialen Netzwerke selbst kann einen wichtigen Beitrag zur Informationsversorgung von „oben nach unten", aber auch von „unten nach oben" sowie zwischen verschiedenen Bereichen und Abteilungen – auch über Ländergrenzen hinweg – leisten. Damit werden die sozialen Medien zu einem wichtigen Baustein des *unternehmensinternen Wissensmanagements* (Stichwort „Social Intranet").

Um dem *Potenzial der sozialen Medien* gerecht zu werden, sollte die Perspektive an dieser Stelle noch zusätzlich erweitert werden. Auch wenn die BITKOM-Studie (2012) zeigt, dass die meisten Unternehmen versuchen, primär Kommunikations- oder Werbeziele durch Social Media zu erreichen, ist deren Potenzial doch deutlich größer. Ein Blick darauf, wie der *Einsatz der sozialen Medien in der Wertschöpfungskette eines Unternehmens* erfolgen kann, zeigt Abb. 2.6. Ein wichtiger Leistungsbereich der sozialen Medien ist die *Einbindung von Nutzern in die Produktentwicklung sowie in die Produktion* selbst. Ein Schwerpunkt, der auch bei

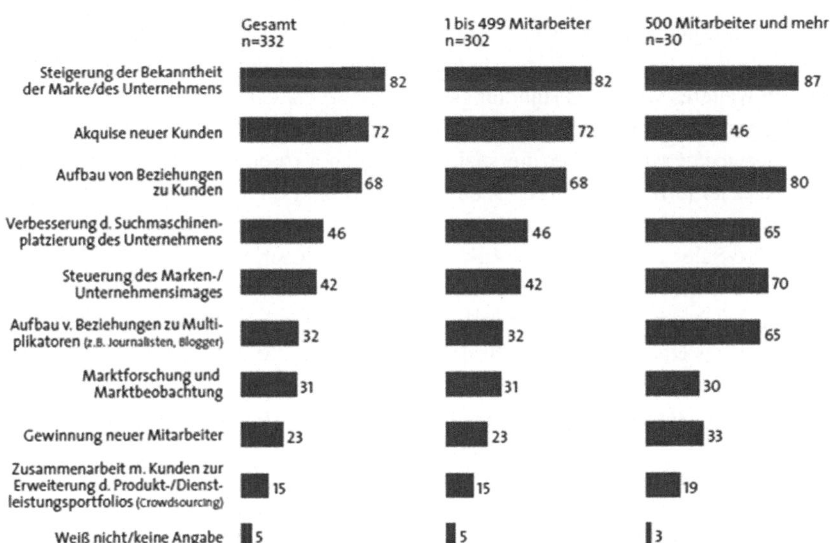

Abb. 2.5 Ziele von Social-Media-Aktivitäten – nach Unternehmensgröße und Mitarbeiterzahl in % (Frage: „Zur Erreichung welcher der folgenden Ziele verwenden Sie Social Media?"; Mehrfachnennungen möglich; $n=332$). (Quelle: BITKOM 2012, S. 13)

Abb. 2.6 Integration der sozialen Medien in die unternehmerische Wertschöpfungskette

der Diskussion der Social-Media-Ziele in Abb. 2.5 deutlich wurde, stellt die *Kommunikation in den sozialen Medien* dar, die durch und mit Unternehmen möglich ist. Ein weiteres wichtiges Handlungsfeld stellt *Social Commerce* dar.

Hervorzuheben ist, dass bei der BITKOM-Befragung die spannende Möglichkeit, *Serviceleistungen* über die sozialen Medien anzubieten und durchzuführen, nicht als Ziel formuliert wurde. Dabei kann die Funktion der sozialen Medien weit über einen reinen Reklamationskanal hinausgehen und auch interessante Aspekte der Pre-Sales-, Sales- und Post-Sales-Phase serviceorientiert abdecken. Gerade der Einsatz von *Twitter* als persönlicher, direkter Kundenservice wird zunehmend von Unternehmen erkannt. Ein insbesondere von Großunternehmen zunehmend erschlossenes Handlungsfeld stellt der Bereich *Social Service* dar. Stellvertretend hierfür können die *Deutsche Telekom* und die *Deutsche Bahn* genannt werden. Das öffentlichkeitswirksame Anbieten und Erbringen von Serviceleistungen kann nachhaltig zum Aufbau von Kundennähe beitragen.

Wenn sich Unternehmen entscheiden, die sozialen Medien in den Dialog mit den relevanten Meinungsführern, mit Interessenten und Kunden sowie mit weiteren Stakeholdern einzubinden, sollten sich diese an den folgenden *Grundprinzipien der Kommunikation in den sozialen Medien* orientieren (vgl. vertiefend Kreutzer 2012, S. 335–337):

- *Ehrlichkeit/Authentizität*
- *Offenheit/Transparenz*
- *Kommunikation auf Augenhöhe*
- *Relevanz* bspw. durch Context-/Location-Orientierung
- *Kontinuität/Nachhaltigkeit*

Damit das unternehmerische Engagement in den sozialen Medien die definierten Ziele auch tatsächlich erreicht, ist vor dem Einstieg in die sozialen Medien eine *Social-Media-Strategie* zu erarbeiten (vgl. Abb. 2.3). Dies beinhaltet auch die Bereitstellung der erforderlichen finanziellen und personellen Ressourcen sowie die Art der organisatorischen Verankerung, inkl. der Entwicklung eines Social-Media-Controllings sowie von Social-Media-Guidelines.

Ernüchternd ist allerdings der Blick darauf, welche *Voraussetzungen zur Umsetzung eines Social-Media-Marketings* in den Unternehmen bisher geschaffen wurden (vgl. Abb. 2.7; BITKOM 2012, S. 16). Dabei wird deutlich, dass 59 % der Unternehmen die *erforderlichen Mitarbeiter fehlen*. 66 % haben *keine Ziele definiert*, die sie durch die sozialen Medien erreichen wollen. In 81 % der Unternehmen *fehlen interne Social-Media-Guidelines* für die eigenen Mitarbeiter und 93 % bieten ihren Mitarbeitern auch *keine entsprechenden Weiterbildungen* an.

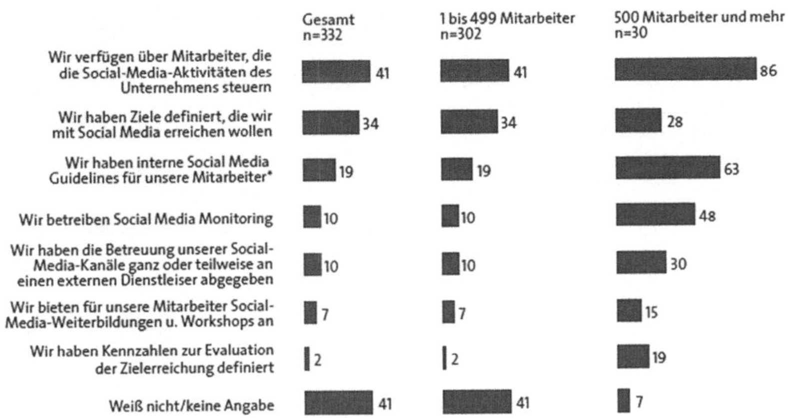

Abb. 2.7 Organisation von Social-Media-Aktivitäten – nach Unternehmensgröße in Mitarbeiterzahl in % (Frage: „Wenn Sie an die interne Organisation Ihrer Social-Media-Aktivitäten denken – welche Aussagen treffen auf Ihr Unternehmen zu?"; Mehrfachnennungen möglich; $n=332$). (Quelle: BITKOM 2012, S. 17)

90 % betreiben *kein Social-Media-Monitoring* und 98 % haben *keine Kennzahlen zur Evaluation der Zielerreichung* definiert. Damit wird in Summe deutlich, wie wenig Unternehmen auf die Herausforderung der sozialen Medien vorbereitet sind – und warum sich in vielen Bereichen Erfolge durch Social Media nicht einstellen wollen!

Basierend auf den notwendigen Festlegungen bzgl. der Ziele und Strategien eines Social-Media-Engagements sind anschließend die geeigneten *Instrumente und Plattformen der sozialen Medien* auszuwählen (vgl. Abb. 2.3). Ganz entscheidend ist dabei die Frage, ob das eigene Unternehmen genug Substanz bietet, um attraktive und damit für die unterschiedlichen Stakeholder relevante Inhalte zu liefern. Ohne überzeugende Substanz und damit ohne eine überzeugende *Content-Strategie* wird kein Social-Media-Engagement gelingen.

Welche *Social-Media-Plattformen* beim Einsatz in den Unternehmen heute dominieren, zeigt wiederum die BITKOM-Studie (2012, S. 8; vgl. Abb. 2.8). 86 % der Unternehmen, die sich mit Social Media beschäftigen, setzen auf die *sozialen Netzwerke*. Mit großem Abstand binden lediglich 28 % der Unternehmen *Video-Plattformen* wie *YouTube* sowie *Unternehmens-Blogs* ein. *Twitter* verwenden 25 % der Unternehmen, weitere Plattformen, wie bspw. Wikis, eigene Online-Communitys oder Content-Plattformen werden dagegen kaum genutzt.

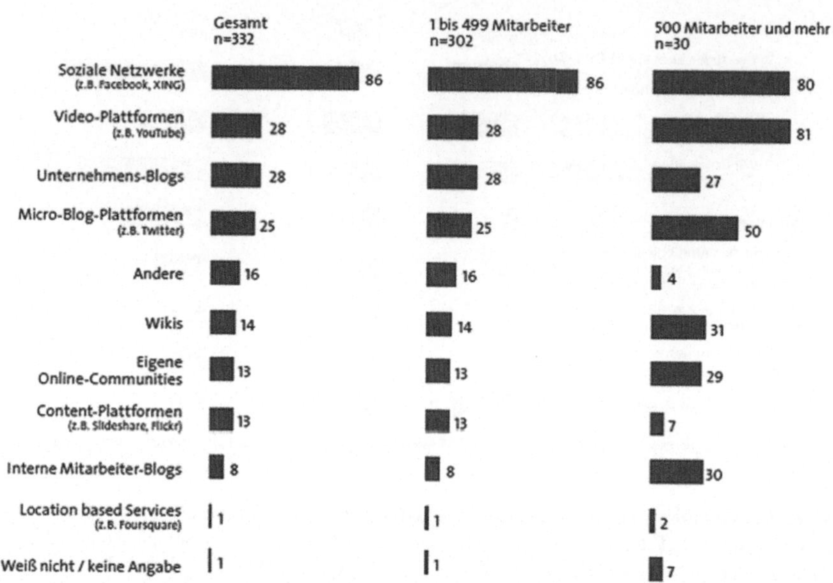

Abb. 2.8 Verbreitung von Social-Media-Plattformen und -Instrumenten – nach Unternehmensgröße in Mitarbeiterzahl in % (Frage: „Wenn Sie an die interne Organisation Ihrer Social-Media-Aktivitäten denken – welche Aussagen treffen auf Ihr Unternehmen zu?"; Mehrfachnennungen möglich; $n=332$). (Quelle: BITKOM 2012, S. 16)

Bei der *Entwicklung* und insbesondere bei der *Umsetzung einer Social-Media-Konzeption* (inkl. der organisatorischen Verankerung sowie der Schulung der Mitarbeiter) ist darauf zu achten, dass nicht nur eine zielgruppenorientierte *Vernetzung der einzelnen sozialen Medien* erreicht wird, sondern es auch zur einer *Vernetzung mit den weiteren kommunikativen Maßnahmen* des Unternehmens kommt. Idealerweise findet diese Vernetzung bereits bei der Definition der Social-Media-Ziele sowie bei der Erarbeitung der Social-Media-Strategien statt. Nur dadurch kann ein in sich schlüssiger Gesamtauftritt des Unternehmens erreicht werden. Das gesamte Social-Media-Engagement ist zunächst in ein *Social-Media-Monitoring* einzubinden, um die – erwünschten und unerwünschten – Ergebnisse frühzeitig und umfassend zu ermitteln (vgl. Abb. 2.3).

Um die Wirkungen der sozialen Medien angemessen zu erfassen, bedarf es einer *Social-Media-Balanced-Scorecard*, wie sie in Abb. 2.9 zu finden ist. Hierbei sind zunächst zwei Achsen zu unterscheiden. Die eine Achse zeigt die direkten bzw. indirekten *finanziellen Implikationen eines Social-Media-Engagements*. Die zweite Achse bildet die *Zeitperspektive* ab und verdeutlicht, ob die entsprechenden

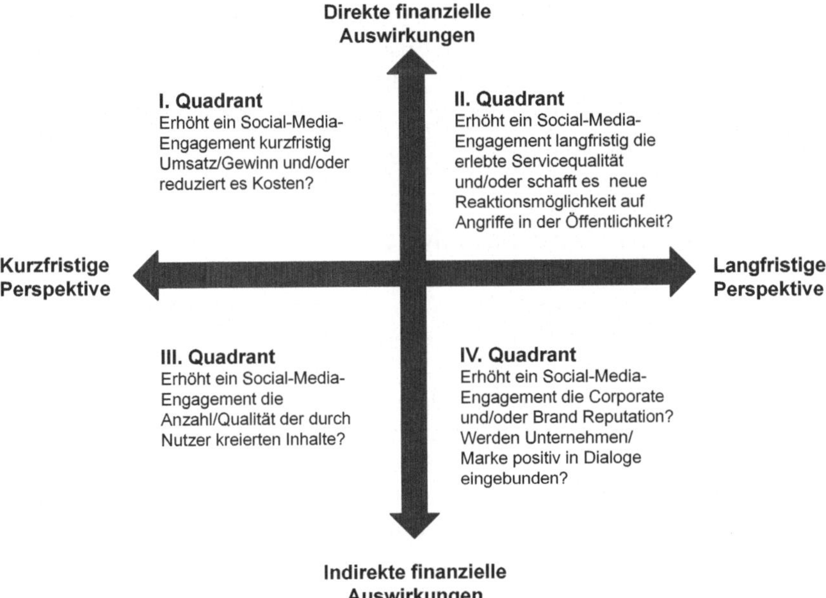

Abb. 2.9 Fragenbereiche einer Social-Media-Balanced-Scorecard. (Quelle: In Anlehnung an Elliott 2012)

Wirkungen eher kurz- oder langfristig auftreten werden. Nur durch eine so differenzierte Analyse können die unterschiedlichen Effekte sauber erfasst werden. Schließlich führt eine Aktivität in den sozialen Medien oft nicht unmittelbar zu finanziellen Ergebnissen – wie bspw. Mehrumsätzen, einem höheren Gewinn oder gesenkten Marketing-Kosten (*I. Quadrant*). Viele Auswirkungen zahlen erst längerfristig auf monetäre Größen ein. Dies ist bspw. bei einer verbesserten Serviceleistung und/oder einer positiveren Wahrnehmung von Unternehmen und Marken in der Öffentlichkeit zu erwarten (*II. Quadrant*). Die von Nutzern generierten Inhalte unterschiedlicher Art finden sich im *III. Quadranten*. Diese haben häufig nur einen indirekten Einfluss auf finanzielle Steuerungsgrößen eines Unternehmens, wenn bspw. Impulse für die Produktentwicklung gegeben werden. Diese Wirkungen können sich kurzfristig, teilweise aber auch zeitverzögert einstellen. Schließlich finden sich im *IV. Quadranten* die Effekte, die sich erst langfristig positiv auf die Reputation von Unternehmen und/oder Marke auswirken.

Anhand einer solchen *Balanced Scorecard* ist bspw. unternehmensspezifisch zu prüfen, welche Bedeutung die Zahl der *Facebook*-Fans, die Anzahl von (positiven) Retweets, die Zahl der Besucher einer eigenen Social-Media-Repräsentanz, die

Anzahl der Video-Views, (positive) Bewertungen, (positive) Beiträge in Blogs und Communitys haben. Die Tatsache, dass manche Effekte erst längerfristig wirken, dürfen nicht zu einer Vernachlässigung dieser potenzialorientierten Wirkungen führen, nur weil sie nicht unmittelbar in der Gewinn- und Verlustrechnung bzw. in der Bilanz sichtbar werden.

2.3 Organisatorische Verankerung des Social-Media-Marketings

Bei der *organisatorischen Umsetzung des Social-Media-Marketings* sollte bedacht werden, dass die Verantwortlichkeit für die sozialen Medien und für den „klassischen" Dialog mit den Kunden idealerweise in einer Hand liegen sollte. Eine Voraussetzung für die erfolgreiche Übernahme der entsprechenden Verantwortung ist, dass die Verantwortungsträger die *Bedeutung der Community* und ihre spezifischen Gesetze erkannt haben und bereit sind, dieser wertschätzend gegenüberzutreten. Aufgrund ihrer Affinität zu den sozialen Medien sind die zu definierenden Verantwortungsträger häufig Vertreter der *Digital Natives*. Die in den Unternehmen vorherrschenden *Organisationsstrukturen* – hinsichtlich der Ablauf- wie der Aufbauorganisation – müssen sich verändern, weil diese bisher eher kampagnengetrieben definiert waren. Eine Kampagne folgte der nächsten – und hatte mit der vorangegangenen häufig wenig zu tun. Das *Sägezahnmuster der kampagnengetriebenen Kommunikation* wird in Abb. 2.10 sichtbar. Der kumulative Effekt solcher Kampagnen ist eher gering.

An ihre Stelle tritt beim Einsatz der sozialen Medien zunehmend die Notwendigkeit einer *kampagnenübergreifenden Kommunikation*, die zwar immer wieder durch Kampagnen aufgeladen wird, aber ein zunehmendes *kommunikatives Grundrauschen* – auch in den Zeiten ohne Kampagnen – aufweist. Abbildung 2.10 zeigt ebenfalls die dadurch erreichbaren Gesamteffekte. Die Auswirkungen auf die Organisation einer solchen Kommunikation sind dramatisch, denn diese Art von Engagement in den sozialen Medien passt in die heutigen Strukturen vieler Unternehmen nicht hinein. Um die verschiedenen sozialen Kanäle zu bespielen, bedarf es nicht nur einer langfristig angelegten, kanalübergreifend ausformulierten *Content-Strategie* i. S. eines *Redaktionsplans*, sondern auch der zu ihrer Umsetzung erforderlichen *personalen und finanziellen Ressourcen*.

Die mit den Aufgaben des Social-Media-Marketings betrauten Leistungsträger fungieren als Schnittstelle zwischen dem Unternehmen und den Nutzern der sozialen Medien. Das *Aufgabenspektrum der Social-Media-Verantwortlichen* umfasst die folgenden Bereiche (vgl. Abb. 2.3):

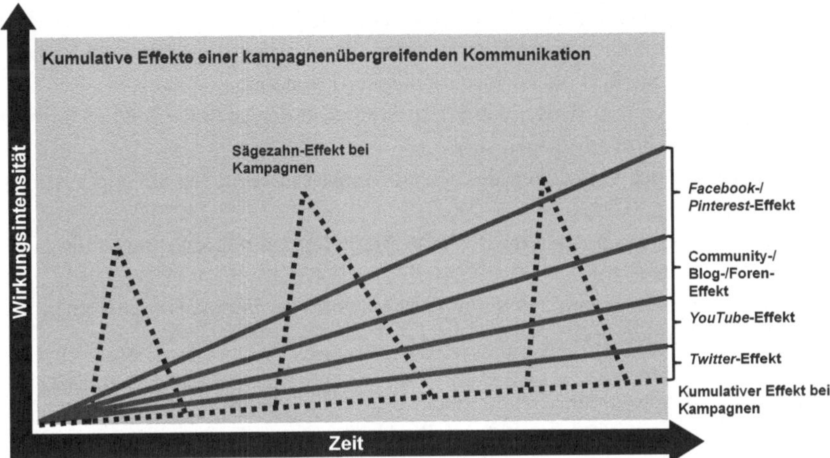

Abb. 2.10 Idealtypischer Wirkungsverlauf einer kampagnenübergreifenden Kommunikation durch unterschiedliche Engagements in den sozialen Medien – im Vergleich zu einer kampagnengetriebenen Kommunikation

- Definition von Zielen für das Social-Media-Engagement und Prüfung der Zielerreichung
- Sicherstellung, dass die Aktivitäten in den sozialen Medien mit den Unternehmens- und Markenwerten vereinbar sind
- Verzahnung von sonstigen Marketing- und Kommunikations-Maßnahmen des Unternehmens mit den Aktivitäten in den sozialen Medien
- Entwicklung eigenständiger Kampagnen für den Einsatz in den sozialen Medien
- Bekanntmachung der Social-Media-Aktivitäten und Gewinnung von Nutzern und/oder Mitgliedern für eigene Communities, Foren, Blogs sowie in den sozialen Netzwerken
- Auswertung und ggf. Aufgreifen von Anregungen der Nutzer, um diese ins Unternehmen zu tragen
- Beantwortung von Fragen, die aus dem Nutzerkreis direkt ans Unternehmen gerichtet werden
- Motivation der Nutzer der sozialen Medien, damit sich diese in unterschiedlicher Weise engagieren
- Moderation von eigenen Foren/Communities
- Durchführung des Micro-Blogging(s)
- Führen und/oder Moderation eines Corporate Blogs

- Aufbau, Unterhaltung und Moderation der Dialoge in den sozialen Netzwerken
- Analyse der auf das eigene Unternehmen, die eigenen Angebote und Marken bzw. auf die eigene Branche ausgerichteten Aktivitäten
- Analyse der Art und Weise, wie Wettbewerber in den sozialen Medien agieren und wie diese dort angesehen sind
- Überprüfung der Wirkungen des Social-Media-Engagements anhand aussagekräftiger KPIs
- Steuerung des gesamten Social-Media-Marketings durch entsprechende Budgets
- Entwicklung, Kommunikation und Durchsetzung der internen und externen Social-Media-Guidelines

Eine entscheidende Voraussetzung, damit die Social-Media-Verantwortlichen diesem umfassenden Aufgabenspektrum Rechnung tragen können, ist ein *„heißer Draht" zu den Fachabteilungen*. Dort ist die Fachkompetenz zu den Leistungen des Unternehmens verankert, die für eine kompetente Stellungsnahme in den sozialen Medien unverzichtbar ist.

Da das Social-Media-Marketing noch ein relativ neuer Ansatz ist, werden bzgl. der *Festlegung der Verantwortlichkeiten* und der *Integration in die Unternehmensstruktur* unterschiedliche Konzepte diskutiert. In Abhängigkeit von den Zielen eines Einsatzes in den sozialen Medien können die entsprechenden Aktivitäten bspw. als Teil der Kundenkommunikation oder der Öffentlichkeitsarbeit gesehen werden. Bei der *Integration in die Unternehmensorganisation* gibt es verschiedene Konzepte.

- *Community Manager*
  Ein Community Manager überwacht das *Engagement auf allen Social-Media-Plattformen* und gestaltet dieses inhaltlich (vgl. Weinberg 2012, S. 72–74). Dieser Manager sollte Teil der Marketing- oder Vertriebs-Abteilung und damit in den kundennahen Bereichen eingebunden sein, damit er eine Nähe zu der gesamten ein- und ausgehenden Kundenkommunikation hat. Seine Aufgabe besteht darin, nach innen und außen zu kommunizieren und damit eine *Verbindung zwischen der Unternehmensintelligenz und der Schwarmintelligenz* herzustellen.
  Hierbei ist der Community Manager in einem *Spannungsfeld* eingebunden: Einerseits soll er als Mitarbeiter des Unternehmens dessen Interessen auch nach außen vertreten. Andererseits darf er dort nicht zu marketing- oder vertriebslastig agieren, um in der Community auf Akzeptanz zu stoßen. Dort gilt es vielmehr, dem Unternehmen ein „menschliches Gesicht" zu geben und im virtuellen Sinne „anfassbar" zu sein, ohne jedoch die eigene Herkunft zu verleugnen.

Um dieses Ziel zu erreichen, stellen immer mehr Unternehmen mit Foto und Namen die Mitarbeiter vor, die hinter den Aktivitäten in den sozialen Netzwerken stehen. So beobachtet der Community Manager nicht nur die unterschiedlichen sozialen Medien, sondern beteiligt sich auch aktiv an diesen. Dazu unterhält er eigene Social-Media-Präsenzen und engagiert sich in einschlägigen Blogs und auf den relevanten Seiten der sozialen Netzwerke.
Die Bandbreite der vom Community Manager zu koordinierenden Maßnahmen des Unternehmens reichen über die *aktive Informationsbereitstellung*, den *Aufruf zu Mitmach-Aktionen* bis hin zur *Gegendarstellung bei Falschmeldungen*, die bspw. in Communities oder Blogs erstmalig diskutiert werden. Zusätzlich sind die für das Unternehmen relevanten Fürsprecher und Gegner zu identifizieren, um diese besonders sorgfältig zu betreuen. Das Aufgabenfeld umfasst auch das *Aufgreifen von Fragen und Verbesserungsvorschlägen für Produkte und Dienstleistungen*, die an die entsprechenden Abteilungen im Unternehmen weiterzuleiten sind.

- *Task-Force für Social-Media-Marketing*
  Die Verankerung des Social-Media-Marketings kann auch in Gestalt einer speziellen Task-Force erfolgen, in die Verantwortliche aus den mit kundennahen Prozessen betrauten Abteilungen eingebunden werden. Deren Vertreter haben neben ihrer regulären Arbeit die Aufgabe, die Präsenz des Unternehmens, seine Marken und/oder seine Angebote innerhalb der sozialen Medien auszugestalten und relevante Erkenntnisse aus diesen für den originären Aufgabenbereich zu gewinnen. Dazu können die beschriebenen Aufgaben des Community Managers auf mehrere Personen aufgeteilt werden. Hierbei ist darauf zu achten, dass die *Konsistenz des Außenauftritts* nicht verloren geht, auch wenn eine gewisse *Meinungspluralität in den sozialen Medien* die Glaubwürdigkeit von Unternehmen erhöhen kann.
- *Social-Media-Team*
  Alternativ kann ein festes Social-Media-Team installiert werden, das sich nur mit den Herausforderungen der sozialen Medien beschäftigt. Ein solches Team kann bspw. innerhalb der Marketing-Abteilung angesiedelt ist. Oder es ist im Vertrieb angesiedelt und agiert dort in enger Abstimmung mit den Marketing-Verantwortlichen. Auch hier sind die Funktionen des Community Managers entsprechend aufzuteilen.
- *Social-Media-Abteilung*
  Die weitestgehende Variante zur Verankerung des Social-Media-Engagements stellt der Aufbau einer entsprechenden Abteilung dar. Diese ist wiederum im Marketing oder Marketing-nah anzusiedeln, um eine Durchgängigkeit der Betreuung insb. der Interessenten und Kunden sicherzustellen.

Es wird teilweise auch darüber diskutiert, dass für Social Media „jeder Mitarbeiter" eines Unternehmens verantwortlich zeichnet, da die sozialen Medien eine Herausforderung für das gesamte Unternehmen darstellen. Auch wenn diese Aufgabe für viele Branchen zutrifft, müssen dennoch Verantwortlichkeiten definiert werden. Denn auch hier gilt: „Wo alle verantwortlich sind, ist keiner verantwortlich!"

Unabhängig davon, welche der genannten *Organisationsformen* gewählt werden, muss jedes Unternehmen vor einem Engagement in den sozialen Medien *Social-Media-Richtlinien* erarbeiten und intern kommunizieren. In diesen ist zu regeln, wie sich die Mitarbeiter des Unternehmens bezüglich ihres Engagements in den sozialen Medien verhalten sollen. Die Richtlinien sollen verdeutlichen, was jeder Mitarbeiter tun und sagen darf und welche Beschränkungen im Rahmen der nach außen gerichteten Kommunikation gelten. Das Unternehmen kann mit Hilfe von internen Social-Media-Richtlinien zwar – in Grenzen – beeinflussen, was die Mitarbeiter bspw. auf Blogs oder *Twitter* im Unternehmensnamen nach außen tragen, aber nicht, welche Themen sie in welcher Form als Privatperson kommunizieren. Hierbei zeigt sich allerdings, dass sich in den sozialen Medien die beruflichen und die privaten Belange immer mehr vermischen. Deshalb ergibt sich für Unternehmen die Notwendigkeit, die eigenen Mitarbeiter hinsichtlich des Engagements in den sozialen Medien insgesamt zu „führen", um so das Unternehmen, seine Marken, Produkte und Dienstleistungen zu schützen. Social-Media-Guidelines leisten einen wichtigen Beitrag, um ein Bewusstsein für den Umgang mit den sozialen Medien zu schaffen. In den *internen* Social-Media-Guidelines, die auf die eigenen Mitarbeiter ausgerichtet sind, sind Verhaltensrichtlinien für folgende Bereiche zielführend (vgl. Kreutzer 2012, S. 412–417):

- *Kommunikation der Social-Media-Ziele*
  Die Ziele des unternehmerischen Engagements in den sozialen Medien sind zu erarbeiten und allen Mitarbeitern transparent zu machen.
- *Sicherstellung der notwendigen Geheimhaltung von Interna!*
  Die Verbreitung von Geschäfts- und Betriebsgeheimnissen, von Informationen über laufende Projekte (bspw. zu technologischen Entwicklungen), über den Stand von laufenden Akquisitionen, von Finanzdaten sowie Informationen über Geschäftspartner, Kunden und Mitarbeiter darf grds. nicht erfolgen. Das bedeutet nichts anderes, als dass die generellen Aufgaben und Pflichten der Mitarbeiter bzgl. einer Geheimhaltung weiterhin unverändert Bestand haben.
- *Authentizität der im Unternehmensnamen agierenden Personen!*
  Für eine Akzeptanz in den sozialen Medien ist es wichtig, als Kommunikator eine hohe Glaubwürdigkeit zu erreichen. Deshalb sollten Mitarbeiter, die im Unternehmensnamen agieren, durch die Angabe ihres eigenen Namens, ihrer Funktion und ihres Unternehmens die Herkunft deutlich machen.

- *Wer kommuniziert, ist verantwortlich!*
  Wie im Offline-Bereich gilt auch bei der Online-Kommunikation, dass jeder Kommunikator für die Auswirkungen seines Tuns selbst verantwortlich ist. Die Mitarbeiter sind deshalb umfassend darüber zu informieren, welche Auswirkungen online abgegebene Meinungsäußerungen – im Vergleich zu Offline-Statements – haben können. Online geäußerte Meinungen verbreiten sich nicht nur viel schneller, sondern sind quasi für alle sichtbar und kaum mehr aus dem Netz zu entfernen. Deshalb sind die möglichen Konsequenzen von falschen und/oder rufschädigenden Äußerungen (bspw. über Wettbewerber, Kunden, Lieferanten, Kollegen, Vorgesetzten) unabsehbar.
- *Professionalität im Auftritt!*
  Zu einem professionellen Auftritt gehört, dass in Beiträgen deutlich zwischen der Präsentation von Fakten und von Meinungen („ich bin bzw. das Unternehmen XY ist der Meinung, dass …") differenziert wird. Auf diese Weise wird die Glaubwürdigkeit von Aussagen deutlich erhöht. Dazu gehört auch, dass auf Kritik an Wettbewerbern verzichtet wird.
- *Interne Kritik bleibt intern!*
  In jedem Falle ist zu verhindern, dass Mitarbeiter ihren „Frust" über das eigene Unternehmen, über Kunden, Lieferanten, Kollegen oder Vorgesetzte über die sozialen Medien nach außen tragen. Nach außen gilt, dass jeder Mitarbeiter hinter dem Unternehmen, seinen Marken und Angeboten stehen sollte. Wenn dies nicht der Fall ist, kann „Schweigen" der betroffenen Mitarbeiter die angemessene Solidaritätsform mit dem Unternehmen darstellen.
- *Offener Umgang mit Fehlern in Online-Beiträgen!*
  Werden fehlerhafte oder ungeeignete Online-Beiträge der eigenen Mitarbeiter identifiziert, so sollte deren Korrektur aktiv angestoßen werden. Entsprechende Einträge in den sozialen Netzen, in Blogs, Foren oder Communities sollten allerdings nicht unkommentiert geändert oder entfernt werden. Hier gilt es vielmehr, in einen offenen Dialog zwischen dem Mitarbeiter und dem Vorgesetzen einzutreten, um die Risiken der Einträge sowie die Notwendigkeit zur Korrektur deutlich zu machen.
- *Festlegung von Verantwortlichkeiten für die sozialen Medien*
  Um einen kommunikativen „Wildwuchs" im Unternehmen durch eine unkoordinierte Kommunikation vieler interner Sender zu vermeiden, sind im Unternehmen die Verantwortlichkeiten für das Social-Media-Engagement zu klären. Hierzu ist zum einen festzulegen, welcher bzw. welche Mitarbeiter für Beiträge über *Twitter*, in *Facebook*, in externen Blogs oder im Corporate Blog verantwortlich sind.

- *Nutzung der sozialen Medien während der Arbeitszeit*
  Unternehmen sollten Vorgaben darüber machen, in welchem Umfang ein privates Engagement in den sozialen Medien während der Arbeitszeit zulässig ist.
- *Beachtung der geltenden Rechtslage!*
  Jedem Mitarbeiter, der in den sozialen Medien agiert, sind die rechtlichen Rahmenbedingungen seines Tuns zu verdeutlichen. Hierzu ist besonders darauf hinzuweisen, dass die geltenden Gesetze zum Datenschutz, zu Urheber-, Marken- und Persönlichkeitsrechten auch im Online-Umfeld nicht an ihrer Gültigkeit verlieren – ganz im Gegenteil.

Im Zuge der organisatorischen Verankerung des Social-Media-Marketings erfolgt auch die *Definition der Verantwortlichkeit für derartige Social-Media-Richtlinien*. Diese umfasst die erstmalige Entwicklung dieser Richtlinien, deren kontinuierliche Anpassung sowie die interne Veröffentlichung. Hierzu zählt auch die Aufgabe, die Mitarbeiter auf die Social-Media-Richtlinien zu verpflichten. Zusätzlich sind Sanktionsmechanismen zu definieren, die greifen, wenn sich Mitarbeiter nicht an diese Social-Media-Richtlinien halten. Hierfür ist fallweise der Betriebsrat einzubinden. Im Kern ist es das Ziel von Social-Media-Richtlinien, eine *gesteuerte Eigeninitiative der Mitarbeiter* zu erreichen; wie deutlich wurde, ist dies nur scheinbar ein Widerspruch.

Ist ein Unternehmen selbst der *Initiator einer Social-Media-Plattform* (bspw. eines Blogs, eines Online-Forums oder einer Online-Community), ist es sinnvoll, im Vorfeld eines entsprechenden Engagements *externe* Social-Media-Guidelines für die externen Nutzer dieser Unternehmensangebote zu erstellen und zu kommunizieren. Darin sollten folgende Fragestellungen beantwortet werden:

- Dürfen die Internet-Nutzer auf Blogs, Pinnwänden und anderen Plattformen des Unternehmens alles sagen, was sie wollen?
- Wie soll mit negativen Kommentaren von Nutzern umgegangen werden?
- In welcher Form können Falschmeldungen berichtigt werden?
- Können unhöfliche oder vom Thema wegführende Beiträge entfernt werden?
- Gibt es Arten von Kommentaren, die als unzulässig definiert sind?
- Dürfen anonyme Kommentare abgegeben werden?
- Kann die Community durch einen Unternehmensrepräsentanten moderiert werden?

Diese *Guidelines* dienen als *Etikette der sozialen Medien*, um im Krisenfall darauf Bezug nehmen zu können. Wenn solche Regeln im Vorfeld transparent gemacht werden, können Spannungen zwischen den Nutzern in der Interaktion zumindest reduziert werden.

3 Zukünftige Herausforderungen für das Change-Management

Viele Unternehmen verzichten noch auf eine Nutzung der sozialen Medien, weil sie *Angst vor einem Kontrollverlust* über ihre Kommunikation und ihre Leistungen haben. Es muss ehrlicherweise zugestanden werden, dass die Unternehmen diese Kontrolle durch die vielfältigen Möglichkeiten des Web 2.0 schon lange verloren haben! Folglich geht es bei einem unternehmerischen Engagement auf den Social-Media-Plattformen darum, den Kontrollverlust partiell zu kompensieren und/oder zu moderieren, um nicht ganz aus dem *Spiel der sozialen Medien* ausgeschlossen zu werden. Dies ist insbesondere für solche Unternehmen unverzichtbar, die für die Öffentlichkeit, ihre Interessenten, Kunden und weitere Stakeholder eine große Bedeutung erlangt haben. Denn durch die *Reichweite der sozialen Medien* können sich negative Aussagen oder Skandale schneller verbreiten und das Image langfristig schädigen – insbesondere dann, wenn die Unternehmen hier nicht präsent sind und kompetent reagieren. Das Mindest-Engagement von Unternehmen in den sozialen Medien stellt folglich das beschriebene *Monitoring* der dort ausgetauschten Botschaften dar, um zu sehen, wie Unternehmen, Angebote und Marken besprochen und dargestellt werden. Gerade die sozialen Medien bieten eine bisher nicht vorstellbare Möglichkeit, die „Hände am Puls der Zielgruppe" zu haben und in Realtime zu erfahren, was diese gerade bewegt. Unterbleibt allerdings eine solche Überwachung, können auch keine Gegenmaßnahmen zeitnah und in den relevanten Medien initiiert werden.

Dass diese Aufgabe nicht leicht zu erbringen ist, muss allen Beteiligten bewusst sein. Denn der *Schwarm der Nutzer* ändert seine Meinungen, Empfehlungen und/oder Verhaltensweisen schnell, unvorhersehbar und nicht unbedingt logisch begründet. Die *Viralität der Meinungsäußerung* kann dennoch – ob zu Recht oder Unrecht, fragt hier keiner – schnell große Nutzerkreise „infizieren". Die *Instabili-*

R. T. Kreutzer, *Notwendigkeit eines Change-Managements im Online-Zeitalter*, essentials, DOI 10.1007/978-3-658-06919-3_3

tät der Meinung macht das Agieren in den sozialen Medien für Unternehmen oft schwierig. Orientiert an der Aussage „*Social media never sleep*" kann die Verantwortung für die Beobachtung der sozialen Medien auch nicht über das Wochenende ausgesetzt werden, weil gerade dann eine *Shitstorm-Welle* anlaufen kann.

Wichtig ist auch die folgende Erkenntnis: *Ein Shitstorm kann nicht dadurch vermieden werden, dass man in den sozialen Medien nicht präsent ist.* Durch eine Präsenz dort erleichtert man ggf. den Start eines Shitstorms. Allerdings hat man als Unternehmen dann auch gleich einen (eingeübten) Kanal, um sich den Angriffen zu stellen.

Die zusätzlichen Kommunikationskanäle und -instrumente erfordern unternehmensweit zuallererst zweierlei: *Abstimmung und Integration.* Gefährlich wird es für Unternehmen, wenn zu den bereits agierenden Abteilungen und Agenturen für klassische Werbung, Dialog-Marketing, Sponsoring, interne Kommunikation, Investor-Relations, Event-Marketing, Corporate Identity, Messe-Engagements, Corporate Publishing jetzt weitere Abteilungen und Agenturen hinzutreten, die für App-Marketing, Social-Media-Marketing, SEO, SEA und Online-Werbung verantwortlich zeichnen. Das Risiko steigt, wenn sowohl die eigenen Abteilungen als auch die Agenturen weitgehend losgelöst voneinander agieren – und jede versucht, die aus ihrer Sicht „optimale" Kampagnen-Idee zu entwickeln und zu verkaufen. Das anzustrebende Ziel heißt *Konsistenz* über alle Kanäle, Instrumente und Agenturen hinweg, um einen in sich schlüssigen Gesamtauftritt des Unternehmens zu erzielen. Alle nach innen wie nach außen gerichteten Maßnahmen – seien sie online oder offline ausgerichtet – müssen sich an den Kernzielen des Unternehmens orientieren, um eine in sich *schlüssige Unternehmens-, Marken- und/oder Angebotsidentität* zu erzeugen. Diese Aufgabenstellung ist von vielen Unternehmen noch zu meistern.

Was Sie aus diesem Essential mitnehmen können

- Zeigt den Prozess des Change-Managements durch die vier Entwicklungsstufen zur Ausschöpfung der Potenziale der sozialen Medien hindurch.
- Verschafft einen Einblick in die von deutschen Unternehmen angestrebten Social-Media-Ziele sowie die von Managern selbst gesehenen Hindernisse zur Umsetzung von digitalen Strategien.
- Erläutert die Notwenigkeit zur Vernetzung der einzelnen sozialen Medien untereinander sowie mit den weiteren kommunikativen Maßnahmen des Unternehmens zur Erreichung eines schlüssigen Gesamtauftritts.
- Demonstriert das Aufgabenspektrum der Social-Media-Verantwortlichen und deren Funktion als Schnittstelle zwischen dem Unternehmen und den Nutzern der sozialen Medien.
- Verschafft einen Überblick über die verschiedenen Konzepte zur Integration des Social-Media-Marketings in die Unternehmensorganisation.

R. T. Kreutzer, *Notwendigkeit eines Change-Managements im Online-Zeitalter*, essentials, DOI 10.1007/978-3-658-06919-3

Literatur

BITKOM. 2012. *Social Media in deutschen Unternehmen*. Berlin: BITKOM.

Blank, Isabel, Sabrina Panknin, und Mike Schnoor. 2010. *Social Media Richtlinien, 10 Tipps für Unternehmen und ihre Mitarbeiter*. Düsseldorf: BVDM.

Buck, Michael. 2013. Effektiver Kundenservice und authentische Dialoge mit dem Kunden im Web-2.0-Zeitalter: Das Beispiel von Dell. In *Digitaler Darwinismus: Der stille Angriff auf Ihr Geschäftsmodell und Ihre Marke,* Hrsg. Ralf T. Kreutzer und Karl-Heinz Land, 221–223. Wiesbaden: Springer Gabler.

Camelot Management Consultants. 2012. *Die vertagte Revolution: Die Veränderungsdynamik des digitalen Marketings*. Mannheim: Camelot Management Consultants AG.

van Eimeren, Birgit, und Beate Frees. 2013a. Rasanter Anstieg des Internetkonsums – Onliner fast drei Stunden täglich im Netz: Ergebnisse der ARD/ZDF-Onlinestudie 2013. *Media Perspektiven* 7–8:358–372.

van Eimeren, Birgit, und Beate Frees. 2013b. Multioptionales Fernsehen in digitalen Medienumgebungen. *Media Perspektiven* 7–8:373–385.

Elliott, Nate. 2012. The ROI of social marketing. http://boletines.prisadigital.com/Forrester_The_ROI_Of_Social_Marketing.pdf. Zugegriffen: 15. Juni 2014.

Forster, Frank. 22.8.2012. Social Media – vom Hype zum festen Bestandteil im Kundendialog. Vortrag auf dem Dialogmarketing-Gipfel. Frankfurt a. M.

KfW/ZEW-Gründungspanel. 2014. Junge Unternehmen Vorreiter beim Einsatz von Social Media. https://www.kfw.de/PDF/Download-Center/Konzernthemen/Research/PDF-Dokumente-Volkswirtschaft-Kompakt/VK-SocialMedia.pdf. Zugegriffen: 13. Juni 2014.

Kreutzer, Ralf T. 2012. *Praxisorientiertes Online-Marketing: Konzepte – Instrumente – Checklisten*. Wiesbaden: Gabler.

Kreutzer, Ralf T., und Karl-Heinz Land. 2013. *Digitaler Darwinismus: Der stille Angriff auf Ihr Geschäftsmodell und Ihre Marke*. Wiesbaden: Springer Gabler.

McKinsey. 2012. *Turning buzz into gold: How pioneers create value from social media.* München: McKinsey & Company.

Solis, Brain. 2012. Your brand is more important than you think: BrandSTOKE's 9 criteria for brand essence. briansolis.com. Zugegriffen: 26. Nov. 2012.

Weinberg, Tamar. 2012. *Social Media Marketing: Strategien für Twitter, Facebook & Co.* 3. Aufl. Köln: O'Reilly.

R. T. Kreutzer, *Notwendigkeit eines Change-Managements im Online-Zeitalter,* essentials, DOI 10.1007/978-3-658-06919-3